MW01204495

Sobre el autor

Damián Sáenz es un Escritor y Artista Plástico; Licenciado en Ciencias de la Comunicación, se dedica al Diseño y Producción Audiovisual. Vocalista y Guitarrista en la agrupación de punk gótico y metal industrial Svzette (Suzette).

Comenzó a escribir desde su infancia, aproximadamente en 1999, pero a mediados de 2014 decidió hacerlo con seriedad; entrando y asistiendo a cursos, talleres y competencias literarias, así como a micrófono abierto, conferencias y presentaciones de libros. Ha ganado algunos premios por ficción corta y artes plásticas.

Es un apasionado del baile hiphop y la danza contemporánea a pesar de tener dos pies izquierdos y dedica parte de su tiempo libre a la divulgación cultural en redes sociales. Pero en general se destaca por sentirse raro al escribir en tercera persona.

Agradecimientos

Agradezco el trabajo que hicieron mis maestros de escritura creativa Pedro de Isla, Jorge Luís Darcy, Marisol Vera Guerra, Carolina Olguín, Mago Cuellar y Rodrigo Guajardo durante aquellos años, algunos poemas que ellos tallerearon evolucionaron después en partes de este poemario. También a la generación del XV, en especial a Teo y Moii, y a Erika, quien me asesoró e inspiró a autopublicar. Carmen y Alejandra, que me apoyaron y me leyeron bastante.
Lily, Francia y Eligio que alguna vez me invitaron a leer.

Alesita, Leo, Pato, Vane, Green, Mafer y toda la crew, Lola, Alex, Phani, Izumi, Gallo, Jazz, Andy, Bracho, Bluez, Karla, Quetzal, Nidia, Tere, Jony, Gabo, Irene, Angelote, Alejo; a mi familia y quienes me falten.

Toda la gente que hace eventos de micrófono abierto y exposiciones de arte local, sin eso la vida no sería igual.

MELOQUIMIA

Damián Sáenz
(@denzmian)

ÍNDICE

Prefacio 13

Selene 14

Segunda luna 15

Polvo 17

Abismo 19

Leporidae 20

Anonimato 22

Stendhal o Florencia 23

Descalzos 24

Quimera 26

Fantasma 28

Dictadura 30

Criatura 32

Saludos al cloro 34

Líquida onírica 36

Arándanos 45

Guerrillero del espejo 46

Hematoma metafísico 48

Tragafuegos 49

Angst 50

Matrioshkas 51

Sumerios 53

Química fallida 54

Dolores abstractos 56

Hipótesis metamorfa 58

Gangrena 60

View-master 61

Doppelgänger 63

Catarsis 65

Pirómanos 67

Sisífando 68

C8H10N4O2 70

Mancha 71

Ignición 72

Rompiendo cosas 76

Maestría 78

Cartará 79

Adiós a mis circuitos 80

Horizonte alumbral 81

Alenta 84

Memorial   85

Núcleo helado   86

Colectivo lunar   87

Misántropos   89

Afrostesia   91

Húmeda paz   92

Hipermnesia museográfica   93

Prefacio

Sudar es perder el tiempo
si no estás aquí para sangrar.

Selene

Incoloro, inoloro, insípido y callado
risueño pero callado, palpándote
sin textura ni temperatura
incertidumbre
de tu partida o de mi yerro

ni crecientes ni menguantes
y transmutando tus cráteres
cicatrices
mimetizas mis acciones

pero tu estructura traicionera
ha sabido fallar tus secretos

misoteístas rezándose el uno al otro
con la retina desviada y silenciosa
sin concepto conocido
más que por gerundios tristes
encadenados uno tras otro vilmente

gibosando de cuarto a media
tus ficciones han cambiado
mostrando perlas sutiles

neuropática al sentir
desencantada del póker y el teatro
ha confesado la ausencia
profetizándose a sí misma
con la melancolía de un calendario en diciembre

y otra vez
incoloro, inoloro, insípido y callado
quebrado pero callado, reflejándome en tu sudor
tenemos que hablar.

Segunda luna

A un gato negro

Y tus ojos hicieron de segunda luna
aquí en mis brazos
reflejo de reflejo
retumbando sobre mi pecho indiscriminadamente
durante tantos calendarios
retumbando los banquetes
retumbando las caricias

conquistador con los años camuflados
en tu caminar tan desvergonzado
seguiste reclamando nuevas tierras

kodoma de las calles
qué joven rugías por los tejados
liderando revoluciones
guerras frías con la mirada

de tus violentos romances
tal como yo
fue con la noche el más sincero

noches en las que no bajabas la guardia
persiguiendo alimañas y apariciones

noches vigilando mi andar hasta el horizonte
y cuando volvía malherido del corazón
mientras te abalanzabas por entre mis pasos
la batuta al final de tu espina
marcaba mi tempo a la calma

noches en las que tu gloria guerrillera
no daba pie a descanso y te echabas a faltar

noches en las que acostumbrado a extrañarte
viajero
las estrellas calmadas daban por sentado tu regreso

pero explorador, el reloj no se contuvo
siguió hasta romper la cronometrada nostalgia
y partí

sólo para ver las ruinas de una batalla terminada
y agregar otra calle, la última de tu colección

y conservo de lodo tus huellas en el ropaje del alma
un modelo a escala de tu mirada órbita sobre mi
todas las noches
guardaré entre mis brazos tu cama
hasta que sea mi turno
hasta que llegue mi tiempo
hasta que sea yo quien pierda la batalla
y agregar otro, un último verso a mi colección
para poder acompañarte
y ser yo tu segunda luna.

Polvo

Dejo de caer
antes se alzaba
y sigue orgulloso el polvo sobre mi angustia
con intenciones territoriales
pero éste es mi piso
éstos son mis muebles
y éste mi olvido
ya he tocado fondo

mas el ente amenaza danzando arrítmico, agresivo
mientras le miro abusando del atardecer
por la ventana
robándose la ardiente vainilla naranja del cielo
melancólico
como portando una máscara, poseyéndola
espectro de mis pesares coloniza mi respiración
como un montón de hojas secas contra ventisca
aroma quebrado como los colores
me desharé de él

con el aliento maldito la guerra continúa
arma en mano dispongo a barrer el tiempo
que he dejado acumular durante mi letargo
sin piedad, sin rehenes
directo a la bolsa
anochece y advierte sudor
que el cansancio llama a la puerta
y en el espejo la vergüenza amenaza
¿quién más?
¿el dolor, el arrepentimiento, quién más?
¿qué no han visto que, aunque sucio,
ya no cargo cadenas?

el calendario aún no reacciona

y yo ya he ganado
reciclo los pesares sobrantes
relucen las manecillas del reloj celebrando mi victoria
apuntando al cielo
contemplo el trofeo metafísico de un alma limpia
que no es mía ya
que quizá nunca lo fue
porque de serlo
no volvería a caer
no volvería a empolvarme
no necesitaría tal mantenimiento
porque los engranajes, aún con nuevo aceite
escapando de sí mismos
rotan sin darse cuenta sobre el mismo eje
otra vez.

Abismo

Lanzo la última bengala
mientras se me ahogan los pulmones
al hundirme en éste abismo
gesto simbólico para mi alma
pues no espero que la veas
ni que sientas, ni voltees al cielo
ni a la luna ya tan enferma que no refleja
y yo ya dejo de anhelar el amanecer

escríbeme aunque sepas que no te leeré

saturado de memorias
reviento de recuerdos
se me escapan por los ojos
ciego por las mismas
hundido hasta la ausencia
de toda luz
me contraigo con la presión
de ésta prisión, el mar abismo

visítame aunque sepas que no te recibiré

hecho pedazos con hematomas
y lo que resta diluido en abandono
muero cual moneda al aire
justo antes de caer

llámame aunque sepas que no te responderé.

Leporidae

Serena y espiritual
calculando la posición de las estrellas
sobre la maleza de un viejo parque
estroboscópica a la vista
atemporal al tacto
sentencia

– lo que huele no es la lluvia,
        es una bacteria de la tierra
        que se activa con el agua –

– lo que huele no es la lluvia,
        es una bacteria de la tierra
        que se activa con el agua –

dime que también escuchas esas voces
¿mera estática o psicofonías?
slogans y jingles del aislamiento

acariciando el lúgubre empaque
me confieso ritualístico en tu regazo

mareado por la cereza, fuego
te pierdo entre el humo del cigarro
camaleónica
la arritmia de tu métrica al hablar te delata
estroboscópica a la vista
atemporal al tacto
sentencio

– vacío no llena vacío y aún así me lo pedías,
        aun con las matemáticas en contra –

– vacío no llena vacío y aún así me lo pedías,

aun con las matemáticas en contra –

adimensional reverberas
distorsionas y modulas
desempañas mi mirada
ignorando la ceniza
yaces sobre las ascuas
culpa de la ausencia
de la lluvia
sin mapa ni brújula
perdido sobre tu piel
con las heridas me oriento
la cicatriz es norte
rememoro la expedición a tu reptilia

¿qué dirás tú de mí?
serena y espiritual
estroboscópica a la vista
atemporal al tacto
callada.

Anonimato

Frente a la húmeda soledad de la pantalla
eres tu propia pareja de baile
con las cortinas cerradas y la luz apagada
tecleas: calor digital, mascarada
consciente de la angustiante
traición hacia la carne

ves, recurres a estas reacciones
aunque ágora y fotofóbico
no puedes prescindir de la química

el trueque no es opción
pero te encantaría
los placeres son caros
pero te encantaría
este no
anónimo y barato
solitario
económico
pero te encantaría

parece más bien afecto subsidiado
serotonina barata
rebajada y diluida para el conductismo

lo has intentado
lo sigues intentando
pero sólo un suspiro consigues
la prueba gratis de cada piel que se te cruza
y adiós
regresas
a la húmeda soledad de la pantalla.

Stendhal o Florencia

Aparición
hiperventilo ante tu estética
más de turismo, que voyerista
más por el arte, que fetiche
como de museo la euforia

arden mis pulmones al respirar de cerca
la línea temporal de tus vanguardias
sin fichas descriptivas te trazas monumento
híbrido entre el performance y la literatura

tiemblan los mosaicos con tu andar improvisado
desenfoque de movimiento para la mirada
y el espacio negativo de tu silueta estática
remarca la melodía de tus bosquejos

happening
contracciones torácicas
trescientas pulsaciones por minuto
y fugas en crescendo
alucino con una exposición interactiva
no necesitas justificación

acuarelas con mi sangre
mis huesos al fuego
carboncillos para estudiar tu anatomía
lienzo de mi piel seca

y aún no paso de tu introducción
me apunto al recorrido guiado
aunque me basta con la publicidad
o el panfleto, que es verte pasar.

Descalzos

Contorsionas con la mirada
que cristalina la luz cálida refleja

si tuya es la mano y mía la soledad
ahógame la otra palma con tu llanto evaporado

que voy descalzo sobre tus brasas
y tú sosegada, tomando valor para mimetizarme

seguimos murmurando, polifónicos
tratando de sincronizar
haciendo eco en la membrana

soñando con estocolmos
respondiendo meridianos, sensoriales y autónomos

con miedo:
a que las matemáticas no den
y tengamos que replantear todas nuestras fórmulas
las que hemos venido estudiando
desde la primer casualidad
anulando toda química y física

con miedo:
a que perdamos el ritmo o desafinemos
aunque ya nos han visto fallar antes en un escenario
y de errores crecemos
¿llevamos la ropa adecuada?

con miedo
y una tórrida nostalgia
bailamos descalzos sobre las brasas
arrománticos
asexuales

desnudos
puros
esperando el primer error
para replantear nuestras hipótesis.

Quimera

Si tú o yo
no sé quién vuelve
lo ignoro más bien
lo callo y tú ni te enteras

accidentes, choques y catástrofes en las sinapsis
recrean tu aroma
menjurje heterogéneo de perfume y sudor
suspiro sinestésico por tus texturas
las que recuerdo y las que sólo imaginé
efectos secundarios de abusar por años del olvido
o de la soledad
y tú ni te enteras

te busqué en otros entes
de algunos afortunados diré
que con esfuerzo se acercan a un pedazo
de memorabilia
las manos de algunos, las mejillas de otros
un par de labios que me encontré tirados
piernas incautas
un torso precavido
ojos por los que, repitiendo varias poesías, mataría
tantas y tantas cabelleras
entre otros no tan destacados
también unas manos de artista
alguien de sabor similar al tuyo
y el perfume, ése lo hallé en los objetos perdidos
de una tienda de conveniencia

me armé una quimera
cadáver exquisito de recuerdos accidentados
supervivientes de choques y catástrofes
de una noche

a la que constantemente cambio partes
y al tacto no vuelves, pero te invoco
alebrije de mi folklore enfermo
Mary Shelley estaría orgullosa de mi obsesión
aún sin estructura narrativa
y tú ni te enteras

que te he replicado en otras pieles
tantas que ya desapareció también tu nombre
¿cómo te llamabas?
copia de una copia
ya no eres nada
quimera
he encontrado otras criaturas
y tú ni te enteras.

Fantasma

Tumulto nocturno
errata de lo onírico
cual escultura quedó
de mármol y callado
interrumpido por una sombra
sosteniéndose en la periferia
y no me alcanza con éstas córneas

se acerca contorsionando
enmascarándose en vano
aromas lacrimógenos le delatan
y me arrastra cual grillete
pero yo soy el prisionero

murmurando vocifera geometría de las memorias
eco de colores que ya no reflejan fotón alguno
y yo en el suelo por los mosaicos sucios de pasado
entre escombros de calendarios
y chatarrería de relojes
lucho contra el veneno astral de la criatura

sobre lodo de polvo y sangre
desgarrado de ropa y piel
me aferro de nuevo al olvido
dispuesto a la batalla
enérgico colisiono al suelo
atravesando el fantasma
desenmascarándolo:
otro arrepentimiento

me atormenta intangible
si ya rompí toda agenda
renegando el paso del tiempo
y desenmarqué las fotografías

sería cuestión de esperar el alba
carbonizar los negativos
o atraparle en algún verso
otro.

Dictadura

Guerra fría conmigo mismo
mi economía en crisis
protesto afónico contra mis propias políticas
pero sigo devaluando mis pasos
dictatorial procedo a desollarme

genocida de mi reflejo
antipático
quizá sociópata
misántropo
la comunidad internacional no se entera
hace mucho que corté mi comunicación

en mi sociedad de luto
cicatriza la soledad
pero deja marcas

manejo mal los bienes de mi estado
exceso de melancolía
tercer mundo
la desigualdad entre los sueños y las fantasías crece

bloqueo mis avenidas
protesto deteniendo el flujo de mi sangre
exijo una mano a la cual sostener
pero todas son presas políticas
revolucionarias suicidas

rencoroso de mí mismo
me radicalizo
ya no soy vándalo ni bandido
ya no hago grafitis
ni versos de auxilio
comienzo con el terrorismo

destruyó los pilares de mi cordura
ocupo mi mente
tomo rehenes
los torturo con recuerdos
ceden ante la culpa

fuego cruzado
bajas
me destruyo y deconstruyo
¿cuántas partes de mi he matado?
cuando triunfe buscaré un nuevo gobernante
quizá la ansiedad o la pasión
democracia de mis delirios
derrocaré a la angustia
me independizaré de la soledad
abriré mis fronteras otra vez
ya no sé quién soy.

Criatura

La gran atracción de mi persona
una moneda para ver a la criatura
miren al monstruo
golpea su jaula
láncenle comida
pregúntenle cómo está
soltará alguna metáfora
de tiempo y de espacio

soplen el silbato
sabe hacer trucos
se desvela
miren su angustia
no sabe lo que está pasando
véanlo entregarse a los excesos
trata de llenar su vacío
damas y caballeros

viene la función final
vean como trata de huir
montado en un monociclo
¡apláudanle! ¡apláudanle!

necesito alguien del público
¡usted de aquí enfrente!
estreche su mano
vea cómo se enamora
vea cómo baila la criatura
también sabe cantar
mire cómo trata de comunicarse
destrozando su garganta y cuerpo

sal criatura de tu jaula
anda a lo más alto

¡salta!
al concreto.

Saludos al cloro

Enfermo de mí mismo
y del scrolling down
fatigas de más de ocho horas
cansado de no moverme
pálido como la luz de la pantalla
la mía y la ajena
la que me mantiene ocupado
y entrecomillado socioeconómicamente
pero vivo
la de día nublado en la cara
que me deja ciego de conocimiento
intoxicado
saludo al cloro en la botella
voy sentado por el transporte
por la comida y el salario
entretenido por otra narrativa
sentado para todo
pero rebelde me levanto
y saludo nuevamente al cloro de mi boca
sabe a miedo y paz
a tranquilidad, libertad
y un tipo de dolor
más cercano al alivio que al sufrimiento
cuando los moretones del alma
intentos fallidos, sin tiempo para terapia
enfermo de mí mismo
fatigado
cansado de no moverme
me doy cuenta
que la revolución consiste en levantarse
en moverse de la silla y gritar
y si rompo algo
que sean cosas
no personas

no a mí mismo
y saludo al cloro que he escupido
mezclado con llanto
sudor, saliva y sangre
quizá también con mi comida recalentada
la que me cronometran a media hora
saludo al cloro por última vez
se ha quedado en la repisa de mi mente
y la de mi baño
y como yo, ajeno de motivos
me pregunta por la revolución
si fue plan o solo un sueño
y no sé qué contestar
sólo saludo.

Líquida onírica

Lluvia

Hoy amanecí nublado como la mañana
perdido en el bosque de mi cama húmeda
víctima de mis precipitaciones alicianas

hoy amanecí con los errores entre los párpados
con la piel oliendo a tierra mojada
acompañado únicamente por el vacío que dejaste
de sabor muy parecido al remordimiento
amargando hasta mi tráquea y esófago
tratando de oxidar mi pecho vacío
que retumba estruendoso al respirar

hoy amanecí pálido y frío como el clima nuestro
pálido y frío, como tu piel tan de memoria
y más que área verde desaturada por la niebla
aquí mi lecho trasnochado parece museo
un collage de recuerdos estancados
residuos de la tormenta que fue soñarte

cansado de mis arrepentimientos
me arrastro por la topografía de la cama
buscando un motivo para levantarme
una cura, un bálsamo, un camino

y ante mí un oasis entre la bruma
figura espectral, aparición
tu rostro melancólico, nostálgico
frágil ídolo de la alegría inmortalizado
en un vitral de minerales sin procesar
que nunca llevé al herrero, terapia de joyería
así desde la puerta de mi habitación estás
juzgándome, cuestionándome con el silencio

y avanzo como puedo
retorciéndome sobre los charcos
esperando una mínima dosis de delirio
lo suficiente como para alcanzar con mis manos
a rozar tus pies
contorsiono ansioso sobre el lodo
el alma se me contrae arrítmica
comienzas a desvanecerte

y no he salido de la cama
ni a la orilla me he acercado
sigo perdido, mareado por las rotaciones del reloj
resonando en mis huesos diapasónicos
los fantasmas podridos deambulan en mis veredas
adireccionales, sin rumbo, huyendo y persiguiendo
errantes hechas de mí, sin destino ni motivo

Río

Enlodado de llanto y recuerdos decido levantarme
vislumbro entre las arrugas de la sabana
ríos de mi llanto
y sin norte, sigo a la orilla su flujo
esperando encontrar
al final del precipicio de mi cama
una cascada
o costa si el sollozo fue vasto
que de cualquier forma será océano
y yo zarparé lejos de las memorias

en mi andar escucho al agua
en guerra con la geología
minerales pulidos por el olvido
que alimentan a mi alrededor
bosques de souvenires

hechos de ropa ajena
de terceros

y a cada paso retumba más esta alma hueca
llena de culpa y arrepentida
ya no busco callarla ni huir
aun cuando otros errores me acechan
has escuchado este andar catastrófico
buitres traicioneros y amenazas
vienen a por mis restos
esperan a que desfallezca o me arroje al horizonte

vislumbro la cascada
las bestias ignoran que aquí dentro late veneno
mientras mi andar concluye a la orilla de la cama
puedo ver la puerta y la ventana desde aquí
el río cae develando una costa rocosa
no calculo la distancia
respiro las ventiscas al borde con vértigo
mientras las olas chocan
no necesito valor para lanzarme
huele a mar y huele a lluvia
y yo húmedo me contraigo helado por la brisa
pero sigo adelante
hasta que el camino se hace vertical
e impacto

entre olas y rocas hecho pedazos
cristales de alma rota
quebrado ya sin engranajes ni tuercas
veo el hoyo negro de mis entrañas
sobre fango de lágrimas y sangre
entonces alejo de mis órganos y memorias vitales

ya vienen los errores
a devorar mi carne envenenada

y me alejo arrastrándome por la costa
con el horizonte de eventos hasta el cuello
y la marea ahogándome

Mar

Maldigo el adminículo
si demasiadas pesadillas o mal uso
del atrapasueños cuando oniriante despierto
comienza a mendigar, fantaseando, errático
la impedidumbre del acto sería benévola
y en química me adolezco avergonzado
pero escapo a pocas leguas

maldigo también al mar de clavos
que no pudieron sacarte pero te ahogaron
oxidados con el tiempo y pulverizados por los años
pero no los maldigo por la errata
que si bella o temporal, fue mi culpa
no, los maldigo por no ser tú
que más que clavo, tornillo
de cabeza barrida
y ya que delirio, cuéntame
¿cómo te saco?
¿tendría que amputarme la capacidad de sentir?
¿o sólo un pequeño pedazo, cual tumor?
si ya has echado raíz
más profundo todavía
y has ido creciendo maleza
te podo a diario pero ya me canso
los pesticidas han funcionado por un tiempo
pero evolucionaste y te adaptaste
parásito mental que si cedo te anhelo
invades mi percepción
resurges del agua estancada de los días nublados
del reflejo de las nubes

en el sabor de labios desconocidos
perfumes de otoño todo el año
en el fuego y la ceniza
te dibujas sola con el carbón
en la tela de mi tiempo
y tu aliento en mi cuello la brisa
serena, paraedólica
mira que ya has invadido éstos versos
y brotan flores
de dónde crecen manojos de tu cabello

sigo maldiciendo, ahora las cartas
atemporales biblias lacrimógenas
en las que juraría entregarlo todo
inmolar toda la historia desde su comienzo y antes
sumergir al mundo bajo diluvios de tu esencia
forzar toda estrella a supernova
y agujero negro como mi pecho a consumirlo todo
quizá a big crunch
o atacar mis venas
inculpando a mis arterias
robar a los pobres
también a los ricos
crear mi propia iglesia
fundar mi propio estado
abandonar a mi raza
traicionar lo que creo
todo por un respiro de tu piel
por poder probar tus labios otra vez
y aun así me enfermas
pero te alucino
obsesivo
víctima de ti
culpable también

ya maldito como el médico que alivia con karma

y se llama espejo
sangro, quebrado, roto y en pedazos
cual monumento de guerra
comencé amarte ritualístico en otros cuerpos
pasivo agresivo por complacerlos
como si fueses pero no
intoxicado de su lejanía tan familiar a la tuya
lo bloquee todo
traumado por tus psicofonías
apareciendo en otras bocas
víctimas de mi adicción a la nostalgia
estrobo en mis sinapsis
te vuelves terapia de shock
cuando mis lágrimas me inundan

Naufragio

Ya la luz se asoma por la ventana
náufrago y sonámbulo desperté
en triangulaciones imposibles
calculé con astros tus labios
mi trayectoria para evitar volver a la cama
pero ando a la deriva
por el suelo de mi habitación
dando vueltas
arrastrándome hacia la puerta o la ventana
encadenado a la pantalla del móvil
grilletes de fotografías que perdí
tratando de encontrar conversaciones viejas
y de no ceder a la falta de una química benevolente
cansado, busqué provocarme afantasia sin éxito
como cada noche, qué tangible recuerdo
espero no soñarte, fantasearte tampoco
ni inconsciente

ya la luz de la ventana me llama

y yo le hice el amor a tu ausencia
tratando de mancharla con nimiedades
se iba con el tacto y volvía en el clímax
adicto a ese hueco que dejaste
al que hoy como gusano me arrastro metafórico
cadáver de aquellos días en los que estabas
días que no puedo comenzar de nuevo
no podré nunca comenzar de nuevo
mi estado natural es la combustión
constante entre ignición y brasa
que por eso vuelvo glorioso a la lluvia
penando hacia la ventana
cuando la niebla se esparce
y cae ceniza del cielo

ya a la luz de la ventana llegó
silencio y silencio debería dar algo de ruido
pero siempre nos gustó romper las reglas
reaccionan los calendarios
el tiempo se apiada de mi agonía
procedo a mutar
a hoyo blanco mi pecho se invierte
frío, más frío
florecen mis órganos
me cede el baile la soledad
se descongelan mis polos
sube el nivel del llanto
y las memorias no saben nadar
pero en el abismo se quedan tus facciones
monstruos de las fosas a los que no llega la luz

Navío

Reconozco mis catástrofes
haber soltado tu mano
Ícaro de ti

soy fiel al pacto de no olvidarte
seré sol, tu espectador
resignado a la última fila
aunque experto en el juego
ya no corro las apuestas

reconcilio el suelo con mis pies
mi cordura con mi habitación
rumbo a la puerta
espero el tiempo reacomode mis placas oníricas
o tectónicas
y así el abismo reviente lo que quede de ti
y algún día seré libre
dormiré sin miedo a la memoria
otras puertas se abrirán
yo ya no seré yo
ni nosotros, nosotros

Abismo

Para no escribirte
o para hacerlo
todo eso y más
para no mandarlo
escribirte y borrarlo
quizá guardarlo
quizá quemarlo
y editarlo
convertirte en poesía o narrativa
académica o noticiosa
aprovechar la herida
¿qué más?

para no escribir escombros de catarsis
de los que renazco o perezco
analogía, verdad o metáfora

un diálogo o pura melodía
con las que las recaídas disminuyen en número
pero aumentaron en daño
eres veneno y tinta

hoy han pasado almanaques
desde la última carta no enviada
también la quemé
volverás
no sé cuando
pero estaré esperando la recaída
quizá tu carne

ya rompo mis huesos, corto mi piel, me infecto,
enfermo
me abrazo a la almohada por la noche
y acaricio tu ausencia
soñando egoísta y malicioso
que me necesites
estar ahí para ti
y ser
y ser
y ser

o no escribir más cartas que no enviaré
quemar todo de ti
incluso a mí mismo
me inmolaré y la memoria maldita
que al morir morirá conmigo
se irá al fuego

maldigo también a la ceniza
y el viento que la esparcirá.

Arándanos

Ramificaciones primaverales de tu piel tan de verano
ocre quebrado el sendero es al paso
que nos niega la memoria
y si me atrevo al tiempo sacro
le traicionaría como al calendario
sublime y peligrosa anécdota
acróbata de la franqueza
aquí pagana esta alma
ofrece del fruto, jugo rojo a la navaja
hojas secas al mortero, arritmia
quebrado como lo nuestro
a ficción descabalgar
rotando entre eje y ruegos
háblame de amor
que ya no creo en nada más
que me quedo sin
y quiebro relojes
para que los ríos fluyan tu cabello al viento
desgarra fotografías barridas
carcomidas por el silencio
y he aquí la carroña de los años
reluciente y víscera
violentada como la patria rebelde
y rebelde es el fruto de callarnos las manos
traicionados ante el reposo
si es que solo soy bruma
y los carbones brasas
desciéndeme a la cama
a la puerta
decentemente entallada
apática al momento
amargada y podrida como el recuerdo
que soy yo
quien sigue queriendo encontrarse contigo.

Guerrillero del espejo

Serías real
tangible como la brisa
ante la quinesia de Cronos
reto en justa a un titán
mi doppelgänger
tramposo triunfo
y sangro sobre los vidrios rotos
el espejo fue la víctima
vendrá un segundo renacimiento
matrioshka soy de mí

guerrillero del espejo
tu revolución tardía
sólo deja bajas
necesitas comer
deja el odio
odio a dios
y no crees ni en ti
guerrillero del espejo
otro reflejo quebrado
te da miedo verme
sal del panóptico
paranoia de la muerte
vomitas los cristales
las sanguijuelas te chupan por dentro
te aferras a otra víctima
inocente de la dependencia
podrás pararte tu sólo esta vez
sin romper los espejos
tratando de salvarlos a todos

sálvate primero a ti
quebrado pero feliz
remendado con tus entrañas
ya puedes andar
fetichista emocional
encrucijada
idiota
a la deriva en el mar del sollozo
salvado por un recuerdo
de los que no se hunden
fisionomía de la juventud
persiguiendo el horizonte
huyendo de los días
cazado por el reloj.

Hematoma metafísico

Ya no reza, no sufre, ni grita
no se mueve ni hace ruido
se hunde más profundo
en el húmedo abismo
con los huesos llenos de pus
hinchada de tanto llanto ahogado
llena de polvo por el abandono
lama y musgo
sobre un charco lodoso de llanto y sangre
atrofiada pues no la usan
traumada por las memorias
melancólica por el futuro
podrida, apestosa e infectada
llena de maleza y setas
con la mirada siempre lista
para una lluvia que nunca cae
le cuesta respirar
fangosa y pantánica por los sueños estancados
desesperanzada está mi alma.

Tragafuegos

Me castigo con silencio en tu presencia
temeroso de la incertidumbre
acobardado por la maestría en tu andar
sublime y sencilla
la soledad te sienta bien en primavera
con ella la palabrería florece
y yo tan otoñal
cosecho ansias
y quema
y cansa

inseguro de la victoria
dejo pasar la batalla
ya no quiero más bajas
me he rendido y tú sin saber
que estoy acostumbrado a la derrota
prefiero no intentarlo
yo vivo del arte y los aplausos
comienzo mi show
   – ¡vean al tragafuegos!
y quema
y cansa.

Angst

Lado oscuro de la luna
fuego del infierno
relámpago de las tormentas
viento de los tornados
lluvia de los huracanes
choque tectónico
filo de las hojas, cuchillo, navaja, daga, espada
un trozo quebrado de vidrio o cerámica, papel
munición de todos los calibres
arma de batalla
fallo en los motores
muerte en la guerra
bomba, granada
metralla, gas, luz y fuego
pólvora
química inflamable
venenos y virus
promesa de política
abuso de poder
enfermedad terminal
fatiga y cansancio
sin pago de horas extra
nudillos de los puños
y puños en los brazos
palabra de la mentira
momentum del impacto
excesos del vacío
'co' de la dependencia
sol de la edad.

Matrioshkas

Húmedo, descalzo, abandonado
¿me he hecho esto yo?
¿nos hemos hecho esto nosotros?
¿quién ganó un trofeo?
nos vemos la siguiente noche
el pacto ya está hecho

bandidos pero no traidores
autodestructivos quizá
muñecas matrioshka
capa vacía, capa vacía
dejamos de introspectar
si nos tenemos nosotros
el reloj se alenta con la luna
el fuego nos ilumina

te pierdes en tus propios charcos
laberínticos reflejos
desorientados sin tus mapas
no podemos avanzar
y cada uno a sus espejos
pero no nos vamos
bandidos pero no traidores
matrioshkas kamikaze

¿encontraste tus zapatos?
yo encontré juguetes nuevos
alguien el amor, alguien el olvido
tuvimos alguna baja
y aliados de otras jaurías
bandidos pero no traidores
matrioshkas, capas al fuego

con tu boca de chimenea

te alejas de la media noche
cada cual a su laberinto
sin olvidar el humo del fuego
bandidos pero no traidores
matrioshkas ya nos veremos
matrioshkas con nuevas capas.

Sumerios

Después de tantas noches en cámara lenta
y los días entre suspiros, nublado
decidido a no perderme en el reflejo de los charcos
que no ha llovido y ya no aguanto
con la carne putrefacta cubriendo los huesos rotos
he encontrado la vida que se me robó

de nariz y boca sangro
se evapora en mi memoria
y ahí estoy, ardiendo en el pasado
descalzo, húmedo, solitario
acompañado, pero solitario
mirando el ancestral al fuego
contemplando el vacío de los pactos
matrioshkas del vacío
me alegro que sigan con vida.

Química fallida

Yo no pedí sentir
yo no pedí nacer
perdido en las emociones
con la química fallida
tú que me la vida me has dado
dime ahora qué hacer con ella

pues ni todos los significados
ni todos razonamientos
conciencia del infinito
entendidos de lo eterno
pesan tanto como la existencia

aprisionado en el presente
humano:
amante, odiante, sexual y violento
volátil, protector y autodestructivo
empático aprendí a encadenarme
amargo, nublado, de química extrema
esperanza y desesperanza
angustia por el mañana
vergüenza por el ayer
y el rencor: venganza no ejecutada
manteniéndome en vigilia

tú que me has dado la vida
dime ahora qué hacer con ella

y todo esto que jamás pedí
ya no me digas
que si no pude antes no fue por mí
quizá aprenda
repitiendo, ensayo y error
arrepintiéndome, pidiendo perdón

viviendo
no queda más
no queda.

Dolores abstractos

Ni de vacío ni ausencias
particular se abstrae en mi pecho con malicia
pena de dolor y muerte
ansia por la lluvia
ansia por los incendios
víctima de la luna
escribano del mal

no es culpa del espejo
el reflejo es el enemigo
canibalístico me carcome
indeciso por la filosofía
filólogo
abandono todo sentido encontrado
me alejo de la carne
fantaseando con el éxtasis del final
¿del castigo o del camino?
no quiero saber

contorsiona en mi pecho con malicia
un dolor abstracto, particular
sedante del alma
reclama mi ser conquistado
débil ante la incertidumbre
huyo de mi existencia
zombificado de los motivos
matrioshka
yace una capa de piel, huesos y sangre en mi vida
doppelgänger
no hace pero respira
inerte sobre el calendario le veo desde las sombras
camuflado en la maleza de mis pensamientos
le acecho día y noche
y no descansa

hoy me ha regresado la mirada.

Hipótesis metamorfa

Mi visión es atrapada por escombros de recuerdos
el andar de un fantasma se hace presente
y le contemplo preguntándome a lo lejos
si será consciente de tan espectral suceso
o ignora esta aparición

– tus pasos memorias recrean
articulas con tales mecánicas tu arquitectura
pero hay algo que ha cambiado
tus pies al suelo ya no tocan como ayer
pareciese
pareciese que los mosaicos santos de tus catedrales
han perecido
pareciese que flotas
que se te distorsionó la gravedad
con la que recorríamos acelerados las calles
hasta desfallecer
libertinos y etéreos, evanescentes
pareciese

agraviado por la incertidumbre invoco su atención
mal de ojo
ni segundos dura la casualidad
la orquesta se detiene
aunque nadie calló
– ha sido ilusión de la cinematografía
y haces omisión del drama
se te celebra tal hazaña con la sinfónica del viento
acompañado por las hojas de los árboles
tu teatro casa llena
2 x 1

arritmia en el montaje
has convertido tu sala de edición

en otro cuarto de invitados
o es que para tu mirada
ya solo soy escenografía
una decoración más
para las ficciones que ahora ignoras
y quiebro un espejo pisándole, charco
siete años de malas fotos
¿y qué?
si has convertido en sala de té la habitación roja
quizá no es eso
quizá derrumbaste todo y te has edificado
nuevamente
quizá cubierto de vandalismo nostálgico yo ya no sé
grafiti a capas
tags de todos quienes vieron nuestro performance
y me detiene la idea para ser el único, proceso
– ¿he mutado yo también?
con éstas aberraciones cromáticas en la piel
y el alma perforada
entonces sería correcta la hipótesis metamórfica
y viceversa

despego la vista de mis entrañas
ya te has perdido
en el collage de improvisación urbana
que la melancolía me encuentre trabajando
enmarco el momento
vaciado sobre tus pasos
revelaré el celuloide
maquetas de tu arquitectura
todo al museo
y tu nombre
¿cuál era?

Gangrena

Tu recuerdo putrefacto
obstruyéndome la conciencia
eclipsa sobre otros cuerpos
y envenena el presente
que ni con torniquete sosiega
tendría que amputarme la memoria

con la humanidad infectada
me nubla el futuro
apesta a calendario olvidado
lleno de días tachados
no con tinta sino el moho
de la lluvia fermentada
que me bebo con el fungi de lo que fuimos
tendría que amputarme la memoria

da batalla la voluntad pero no gana
dripping, pouring
de puro pasado podrido sobre
mi lienzo de alma gangrenada
la preparo con mi llanto esterilizado
de óleo, la sangre sobre gesso de pus
y aquí apesta a ti hasta el smegma
tendría que amputarme la memoria.

View-master

Afligido por tu casual entrada
entre mi vista y el paisaje
peno en el silencio
falto de razones y motivos
para poder estrellar suavemente
mis ecos sobre tus tímpanos
¿me creerías?
si confieso que sólo estoy interesado
en la métrica que sueltas al andar
quizá alguna rima o verso libre buscar en tu cabello
imaginar los más sublimes pinceles que ningún
Miguel Ángel podría usar
arte por sí mismos
mielopoyesis
la marea del silencio sube
– ¿sabrás nadar?
y yo que me ahogo
se me mete por la boca
dicen que pega más fuerte por los ojos
y yo nadando con mi piel de esponja
quizá he transmutado en leviatán
kraken a tu barco
la revolución industrial no te ha dejado nada
producto de la posmodernidad
consumes un tipo particular de combustible
aceleras
y yo a pie
andando pasivo agresivo sin darme cuenta
sigues en tus nubes
y yo castigo de mi sangre
me disculpo, holístico con la boca cerrada
mi motivo es exclusivo de la estética
abandono mi filosofía, filólogo
analizo la introducción a la historia de tu arquitectura

propongo mi tesis, síntesis barroca
conclusiones artdeco
después de varias rotaciones sobre la ruta de tu mar
la marea de gente a la deriva
me ha acercado un poco
me aferro a los acueductos de tus catedrales
busco una ruta a tus más famosas obras
aunque yo no vengo de turista
maldigo la mitología
las leyendas de mi manzana
mi sangre y mi esencia
mi miedo y mi carne
mi vida en la silla
la soledad sentada
pasiva me juzga desde sus rascacielos
busco bibliotecas y librerías
hemerotecas, si es posible
y sólo veo publicidad y propaganda
fugaz
cual view-master
no he podido perderme entre tus callejones
mis teorías y mis hipótesis no serán estudiadas
quedarán en, quizá, columnas de opinión
de otras ciudadelas
con otras catedrales
cambio disco y la ruta de regreso.

Doppelgänger

Temía a las sombras antes del pacto
entre la penumbra escabulléndose
danzantes al fuego y calmas con la luna
siniestros reflejos monocromos
fieles a la verdad
enemigos del espejo
no hay una que mienta
ni una que no temiese

hoy sólo la mía
kamikaze me le enfrento
con el don del póker en la cara
irónico y repetitivo
cansado, muy cansado
de volver a empezar y arrepentido
de haber traicionado el libertinaje
adoctrinado por la improvisación
de caracteres otoñales
configurando sentencias absurdas
sus significados caen con mis mentiras
secos y frágiles precisamente

contraataca con semblante adolecido
y la eternidad comprimida en una estaca
o un manojo de mis venas al fuego

herido de la mente y mutilado del alma
me reconstruyo improvisando
falto de piezas recurro a residuos de veladoras
vanguardia de tu recuerdo a lustros tardío
condenado religiosamente a las memorias
rezándote en templos de otros cuerpos

el mártir ha ganado ahora disponiéndose a declamar

estoico sobre mi cuerpo ya vencido
abaratando los conceptos
repite con su último aliento
los mismos versos de abandono soledad y tristeza
melancolía y nostalgia
metáforas de fuego, lluvia y niebla
me apuñala la espiral
Sísifo de mí mismo.

Catarsis

Con el alma hinchada de tanto llanto ahogado
hediondo de recuerdos gangrenados
necrosis en el pasado
autocomplaciente
soy mi propio abono
semilla regada con ira
tristeza ultravioleta
¿y la tierra?
me tuve que trasplantar solo
en medio del fuego cruzado
resonando en la cámara de eco
sangre ajena en mis manos
la mía en otras
preferiría el fertilizante
pero a mi raíz algo llovía
tacto húmedo de otras soledades
ignorante de sus intenciones
de ese tipo de violencia
más asco al descubierto
vulnerable
retrospectiva silenciosa
callada y culpable
bajo la ropa y los calendarios
prometido al consuelo supremo
un par de rezos y todo listo
cierra tus ojos y olvida
de rodillas como aquellos
me niego a hincarme otra vez
víctima de mí mismo
mi propio juez y cárcel
mi propio ejecutor
no me cupo el veneno
quizá por gula
la otra huida

el cuerpo hizo lo suyo
la soledad es testigo
con la condena del alba
llegaron los días del primer beso
y algunas recaídas.

Pirómanos

Rompemos nuestras noches
somos los que explotan
el soundtrack ad hoc
para el reflejo
de las llamas en tu mirada

desgarrándonos adolecidos
corriendo sobre los escombros
perdidos en los pasillos
de edificios olvidados
sucios como la ciudad
jactada del progreso
insulsa

nuestra sangre inflamable
derramamos sobre sus jaulas
arden los vestigios
que ayer eran tendencia
y hoy ya ceniza
no como nosotros
seguimos combustionando

huimos sin ver la explosión
sudando recuperamos el aliento
recostados sobre las calles vacías
planeamos el siguiente incendio
el tiempo no pasa

sexuales y violentos
no soñamos
vivimos

aún queda gasolina
aún quedan cerillas.

Sisífando

No soñamos al dormir
despertamos nublados
sin importar el clima
nos pulimos y brillamos
unos más que otros
marchamos cíclicos
rumbo a una repetición
diferente a cantar un coro
pausamos y continuamos
libres hasta el atardecer
dorado como aquellos años
o quizá de sol a sol

perder la conciencia es un lujo
que ya no nos lo podemos dar
pero seguimos carbonizando los años
hasta dejar solo cenizas
se van como el humo
y soplamos si falta la brisa

bebamos el veneno
comencemos otra pelea
conozcamos a alguien en el baño
tambaleamos hacia casa
sangrando
cíclicos

subimos la roca a la montaña y cayó
huimos del horizonte pero amaneció
podamos la maleza y volvió a crecer

como nuestro cabello
seguimos formulando preguntas
las contestamos y surgen otras:
¿dónde estás? ¿dónde estoy?.

$C_8H_{10}N_4O_2$

Culpas a la química
y yo a la soledad
de lo nuestro poco
y de lo bueno tanto
enfermo de la vigilia
canto mudo a un ansia sorda
de manos adormecidas
falta tiempo para olvidar
corrompido por el espejo
el reloj tartamudea
al girar sobre tu recuerdo
fantaseando con el olvido
sin motivos atemporales
infinitamente deceso
vistiendo soledades
espinando al tacto
rebeldemente real
arrinconado por la batalla
marchito de palabras
tatuadas en la memoria
la vista las revela
cállala detrás de los cristales
taquicardia que danza arrítmica
finalista en la competición del abandono
seguimos el ocaso
pretendiendo dialogar
enfermo de las curas
saboreo el adolecer.

Mancha

Sin rumbo da igual
perdido entre tantos
como lágrimas en la lluvia
o no quieren encontrarme
ya no grito
caigo en silencio
hasta chocar con el suelo
retumbo
solo la tierra me aplaude
con sus tectónicas palmas
y la sopa de ojos se concentra sobre mí
curiosos y con miedo al tiempo
regresan de inmediato a la nada

soy mancha de tinta en el suelo
una curiosa partícula fugaz
un − ¿qué fue eso?
y − no fue nada
− quizá el viento
figura abstracta
pareidolia
ser etéreo
reino el olvido
de eso vivo
y eso evoco.

Ignición

Humo

– No fumes adentro –
pero da igual, si entrañas o morada
cuando sus metáforas ya no sorprenden
me adelanto con este humo diciendo
es la manifestación física del olvido
de memorias en llamas, prontas a brasa o carbón
prontas a ceniza contra el viento

– usa un cenicero –
si se camufla con el polvo
que aquí hace tiempo que no se barre
se va directo a bajo los muebles
o se desarma cuando lo pisas
al fin que estamos olvidados
descuidados

– manchas lo que tocas –
dedos, pulmones y dientes
ceniza a la ropa y tus ojos
tus ojos lloran irritados
ya todo está enfermo y amarillo

– es llanto real –
y el cansancio ya no da
ya no soy ni somos
ya no corro ni vuelo ni ando
solo me distraigo
insistiendo en la analogía de los recuerdos
"apestamos a abandono
de la ropa la memoria no se lava"

Fuego

La oniria misma arrepentida
de otorgar sueños a los desahuciados
arrebata el destino de sus manos
y deja caer la cereza ardiente
para vaporizar con sollozos
la fantasía del fuego
de empezar de nuevo, nunca
de batallas perdidas
y no más revanchas
la fantasía perfecta
de Sísifo

Brasas

De incendios pasados
unas pequeñas ascuas
una chispa de algo
de aquella piromanía
espero

estrellas en la tierra
quemamos tantas cosas
combustiones entrópicas
bajo la lluvia ardíamos

la primera vela
la primera mecha
queroseno y otros químicos
trasnochados en recuerdos

historias en la hoguera
fogatas durante los aquelarres
festines y banquetes
rituales y sacrificios
calor en el invierno

lecturas e intimidades
hasta agotar la leña
dejando cenizas y carbón detrás
hoy sólo brasas
– continúa con las metáforas –
y quedó partido en dos

Carbón

Ya tibio
oscuro y sin fuego
abandonado
se apagó la luz
mi figura se desmorona
ya no siento
pedazos de recuerdos
y de recuerdos mancho
al tacto
frío

el calor se me va
el tiempo se me va
la juventud se me va
y aún queda algo
volverlo a intentar

con una chispa es suficiente
pero al tacto
soy frío

Ceniza

Es mi otra cara
la que llevo a diario
ya no soy nada
ya no ardo

sin figura
me voy con la brisa
soy libre de mis anhelos
libre de mí mismo
libre de intentarlo
de amor y de odio
de todo
libre de la metáfora
libre
– libre –.

Rompiendo cosas

La metáfora es el lazo
entre significado y objeto
no lloran ni duelen
no sienten la violencia
carecen de sinapsis
faltos de nervios y órganos
sin siquiera el propósito de la reproducción
no podrían formular alguna filosofía
al contrario del felino anárquico y nocturno
que corre por los tejados
o el can librepensador y guardián
y el ave de la tierra al cielo
sin banderas ni fronteras
tampoco como la familia
como los amores
amistades
todo de esencia agridulce
y cromatismos tridimensionales
vulgo callejero
desconocidos en algún bar
aglomeraciones y solitarios
ninguno a mi paso
nadie será victima
ni yo mismo
no otra vez

ya he sembrado manojos de mis arterias
protegidos del libre pastoreo
semilla de literatura va creciendo el follaje duro
sencillo y verde
según pretendo también
soy ajeno al ente microscópico
y aunque no musitaría en herir a dios
si es que la ilusión del miedo fuese falsa

o no, que a mí me da igual
he cargado con este plan de contingencia

si rompo en odio
llanto
quebro la voz
voy ya rompiendo cosas
ningún reino
no personas
no a mí mismo
no otra vez.

Maestría

Alimento mi vacío
cansino sobre mi lecho
hambriento de propósito
se conforma con una dieta barata
de lo mismo a diario
mis lugares comunes
la angustia del abismo
en la noche nublada
iluminada por las veladoras

paso el tiempo desmantelando relojes
creo esculturas con sus engranajes
una figura de manecillas por pestañas
construida de arena y cristal
existencia mecánica como la mía
pinta retratos sobre el calendario
ahorramos en materiales
carbonizando las memorias

ha aprendido a olvidar
maniquí estilizado
artista de la podredumbre
usa mi cuerpo
mi piel es tu lienzo
mi sangre tu tinta
pinceles de mi cabellera
has un collage con mis entrañas.

Cartará

Se sirve sobre el blanco de la hora la cena
y el sabor del papel gourmet ataca la memoria
pisa, hiere la tinta al leerse a sí misma
siente una especie de la pericia
que milita el verbo de carne hervida

se escribe banquetes sin invitados sobre la balanza
dulce soldado alado en la soledad de su mirada
cena solo y un poco
delicia alucina la compañía

cocina uroboros podridos
cerebro de haggis
recalienta sin sabor las sobras
al ver las cartas no enviadas.

Adiós a mis circuitos

No soy nadie ni nada
rechazo mi sangre
mi patria
ni mi carne, ni psique quiero
ni alma o inteligencia
o estos cables que se me han configurado

ni cambiar o reaprender
lo nuevo o lo viejo
ni lo que te convenga
carezco de propósito
carezco de carcaza
he olvidado todo
y arranco mis circuitos

me arranco también la piel
y con ella los errores
de uno y cero emociones
y nulas experiencias
sin interface

adiós a mis memorias
adiós a mis circuitos
monumento digital olvidado
enamorado y rebooteado
chatarra irreciclable
irreusable

error de fábrica
glitch o bug
amante en automático
adicto a la corriente
bloqueado de la red
no amarás por amar.

Horizonte alumbral

Ni retomo ni reempiezo
ni reultilizo
memorias a medias
de lo que pudo haber sido

sentimientos perecederos
de significado accidental
artistas y personajes
ponen escenas y danzas
me reclaman ad nauseam
destinos y acciones de mi amargura
pero el horizonte se aproxima
y yo espero algo más

equinoccios y solsticios
me obstruyen la vista del vacío
el ruido me ensordece
y contemplo el abandono

sobran voces y miradas
su aroma me abraza
agrura condescendiente
me pierdo el equilibrio
corte y a escena
el futuro ha sucedido
ya no busco el horizonte
camino sobre el mar
cesan las razones
la física y la fantasía

perezco al intento
y me condeno al andar
tanto tiempo apuntando
tanto pero no demasiado

con las matemáticas exactas
contemplando las variables
y no he de fallar
todo va como lo planeado
pero el tiempo ya no rota
y la vida ya no trasla

vuelve el horizonte
abandono todo propósito
con el alma hueca
y mis contemporáneos venenos
danzamos a los cuatro puntos
el ritual de tu cartografía
placebo para la tierra hiriente
juguemos a la conquista
la mística del olvido
anhelo callar quizá
en pro del legado fenicio

y antinatura de mano al menos
que crea, mas no convenga
la reacción tardía al cambio
metiendo una vida en otra
matrioshka de cristal, te quiebras
persevera el reflejo necio
en constancia del desvelo
el vacío ha postrado su ausencia

y qué difícil es decirle 'no' a un día nublado
cuando deconstruyo de ti
mi voz ya no es pura
pero son mis planos y matemáticas
principio, nudo y desenlace

en eso te apareces
pacto contigo el partir

me amenazo sobre tu altar
a eso te invoco horizontal
y ya no espero otra cosa.

Alenta

Anda la noche lenta de hiel
que suspira violento aire
al reflejo en los charcos
proyectados por la lluvia
húmeda e hinchada ladrona
me sangran memorias
y me sangra la boca

corriendo a paso ardido
arrullado por la migraña
alcanzo matrioshka, sus capas
qué arritmia reptilias
y arritmia los ojos
destempa su mano mi orquesta

sigue con vida la noche
violenta de miel amarga
transforma el aire y se alenta
me deja verle los ojos a la lluvia
húmeda e hinchada ladrona
atenta
me sofoca y abraza
me mancha de sangre
y me mancha de memorias.

Memorial

De calendarios y relojes
han dejado al monumento quebrado
recordatorio de mis defectos
memorial de la guerra
'yo contra mi reflejo'
y la compañía sin la que me quedé
las bajas sociales
la baja mental

no lo reconstruyas
no lo reconstruyas
es un tatuaje en la tierra
o una pérdida de tiempo

exhibo a los transeúntes
tropiezos y vulnerabilidades
más días sin sueño
catástrofes de la noche

no te reconstruyas
no te reconstruyas
es una herida cicatrizada
o una pérdida de aliento.

Núcleo helado

Recluyo mis andares entre puesta y ocaso
ajeno de luz
sin descanso ni atmósfera
atemporal
con los pensamientos coagulados
y mis ácidas lágrimas rompiéndome los tejidos
sin órbita ni rumbo
contemplando el satelital abandono despedazándose

errante a la nada
acelero la trayectoria
sin estrella ni propósito
sin destino

contra cometas y meteoros
que dejan cráteres y cicatrices
me desarmo como el abandono
conforme contemplo otros sistemas
y polvo
polvo soy

transmuta la alquimia
dejando ver mi núcleo helado
sedado por la aceleración
se superponen las memorias a la realidad
confundo los traumas con sentimientos
y me apago a pedazos.

Colectivo lunar

El huracán se acabó
¿o descansamos en su ojo?
circadia reacciona
circadia adormecida
entre los aromas de la tormenta
se percibe el del ayer
quizá tierra mojada
¿o es que llueve de tu rostro?

aún llevas la mirada insomne
mientras se vacían los asientos
por la ventana la geometría del agua
la de afuera y la de adentro
la de tu calor condensado
egocéntrica se roba mis ojos
ante el reflejo distorsionado
que pone llanto donde no hay
y acompaña donde si

el reloj aprovecha la distracción
para jugar a la brújula que apunta
al metal de tu coraza
magnetismo de la memoria

abre el camino sobre los charcos
mi caballo galopa ansioso
aún no llego a mi destino

quizá cascada de arena morféica
no era tiempo sino sueño
el alba se nos adelantó silenciosa
secuestrándonos la sombra
renegamos con gafas del sol

se vacían los asientos
conocidos a extraños pasan
me arrullan los motores
abordan y bajan voces
aún no llego a mi destino.

Misántropos

Mira el retrovisor
mírame
que sigo aquí
que no me iré
aunque el sol a supernova
gigante roja reclame los astros
aunque la tierra implote o se despedace
y se me acaben los compuestos para respirar

aunque me congele o arda
me viole la mente la locura
de una enferma eternidad, solitaria y estática
en la frontera de la realidad
relegándome a la fantasía
aquí seguiré

       – con el odio que te tengo
       y el amor que te prometí
       podría fundar una nueva iglesia
       de misántropos que se aman
       mito divino sin sentido
       tal como lo nuestro

sollozabas aquel día
lo escondiste con maquillaje
creíste que no me daba cuenta
del vapor que recorría tu frente
lágrimas evaporadas
la mente nublando
y yo lamenté con las mías congeladas
punzando hipotérmicas tras la mirada
sincronizados en la desgracia
quebrando promesas no articuladas

recuerdos al fuego
ya ceniza, luego al viento

recuerdos congelados
quebrados con pica hielo

      – con el odio que te tengo
      y el amor que te prometí
      podría fundar una nueva iglesia
      de misántropos que se aman
      mito divino sin sentido
      tal como lo nuestro

cuestioné tus intenciones
culpé a la química fallida
a la tuya y a la mía
por dejarme abandonarte
y dejarte abandonarme
mira el retrovisor
mírame
que ya me fui
que ya no estoy
dos misántropos amándose
un romance sin sentido.

Afrostesia

Una cámara que atrape algo que no sea tu mirada
una grabadora que atrape algo que no sea tu voz
con el alma lo suficientemente intoxicada de ti
me emborracho de tus recuerdos

fotografías de tu perfume cuelgan sobre mi cama
como atrapasueños que te invoca a cada R.E.M.
un té de tus labios me acompaña cada día
te mezclas con la tierra mojada
y reconfiguras el frío con la piel

has conquistado mis pasos
ya puedo andar a ciegas
y escucho el crujir al andar
de mis miedos quebrados

una cámara que atrape algo que no sea tu mirada
una grabadora que atrape algo que no sea tu voz
con el alma lo suficientemente intoxicada de ti
me quiebro para siempre.

Húmeda paz

Soldado de la oniria
batallando a los fantasmas
y la estoica del tiempo
desertas de contexto
y romantizas el vacío
traidor de la mente
aunque anexas la posibilidad

qué cansado está el insomnio
de prestarte tanto sus servicios
si las pantallas ya no arrullan
y las pastillas ya no afectan
temes que un fantasma vuelva
el que conoce tus secretos

revolucionario del alma
guerrillero del corazón
batallas con los recuerdos
kamikaze inútil como el conflicto
maravillado por la gloria
de la lluvia en campo seco de tu piel
aún puedes sentir

empatía por el vacío
que te secuestró el reflejo
adimensional y atrofiado
con ojos de eterno retorno
entonces dejas caer el frasco de tus manos
y por tus mejillas la húmeda paz.

Hipermnesia museográfica

He memorizado las tragedias
verso a verso los recito huyendo
cansado de la museografía constante
y su particular atemporalidad

aferrado a la filosofía de la mente
como abandono por la psicología conductual
nado a contra de mis errores
que me ven y apuntan
me juzgan soñadores y florales
ludópatas emocionales

caigo en mi propio bluff
mientras redundo adolorido
celoso del atardecer
malicioso como la noche
dispongo a confrontar las farolas
infantil e inmaduro
harto del discurso estético
percutido y desgastado
anónimo en el espejo
exagerando con los detalles
quiebro su luz

pero aparecen fetichistas de los recuerdos
y me torturan con calendarios usados
y un diario que sigue reescribiéndo
y reescribiendo lo mismo
y lo mismo
y lo mismo

del dolor eclipsa el futuro sobre el pasado
se siente familiar
fingiendo demencia

viviendo por la pura anécdota de haber vivido
hambriento de las deconstrucciones
soy eterno descalzo sobre sueños rotos
que se me clavan en los pies
y memorias carbonizadas al rojo
de mi andar eutanásico

flagela por las emociones
asexual y arromántico
fetichizando ahora el abandono
camino de puntas sobre la nostalgia
que me constituye un nuevo logro para la frustración
tan fiel a la incertidumbre
carezco ya de piel y patria
enemistado con la confesión
atado al sistema de la pantalla

va mi dolor tripulado por el arrepentimiento
cirrosis en llamas
saturado de memorias
me repito hasta la náusea
náusea
náusea

y como mártir hipócrita
hago pública mi agonía
aprisionado de la narrativa
justificado en la empatía
que guioniza este pesar
la realidad de los herejes
ignorados por la esperanza
cercano a la carne
y ajeno al alma
inmuto realidades
defiendo mis historias
mis errores son sagrados

los encero y les saco brillo
reluce la experiencia
prometo no fallar
otra vez
repetitivo
cacofónico
ad nauseam
mecánico
ilusorio
vacuo
dolorosamente consciente
y cínico.

Gracias por leerme.

Sobre el libro

Bilis Negra

'La química fallida bajo la piel de los malditos' era el título original pero decidí cambiarlo puesto que no todo lo que nos daña por dentro (depresión, ansiedad, trauma, etc.) viene precisamente de la mente (o bajo la piel), sino que muchas veces son factores externos, ya sea intencionales o accidentales, alomejor anecdóticos. Así mismo hay poesías aquí que no vienen desde esa "maldición" química, vienen de la experiencia de llenarse de melancolía y nostalgia, de disfrutar de la tristeza y la angustia que se siente tan irreal como el centro de madrugada. Pero toda esa explicación (como la poesía de este libro) se vuelve bastante abstracta o simbólica, melodramática, al menos a mi me da esa sensación, por eso ha recaído en la bilis negra.

Todas las palabras son inventadas

Me he tomado la libertad de revivir algunas palabras y conjugaciones o significados considerados muertos, que ya no se usan en nuestra lengua desde la época de Cervantes o Sor Juana, así como también crear mis propias palabras o alterar algunas que ya existen, incluir de otras lenguas, modismos de diversas generaciones, etc. Aún así, este libro no se trata de eso, sino más bien es un recurso que uso de vez en cuando como la metáfora o los diálogos.

Un collage de carne y flores

La portada está hecha con dos imágenes superpuestas: un collage análogo (de una serie que hice en 2020) y una fotografía del interior de la Fábrica de Textiles El Porvenir, en Santiago, Nuevo León (Tomada en 2019 durante una visita del TEC de Monterrey, cuando hacía registro para el INAH de Nuevo León). Los textos se trabajaron en Illustrator y luego todo fue procesado en Photoshop.

Desvelos

Los poemas en esta colección vienen de muchos lugares y épocas, algunos salieron terminados al instante y otros están hechos de pedazos de versos que escribí incluso desde la secundaria (2007), de posts inconclusos de facebook, instagram o twitter, rayaderos detrás de algún ticket de compra, detras de alguna libreta de la escuela, notas del celular, etc.

Empecé a editarlo en 2019, y en 2020 terminé, después trabajé con Erika Echeveste (Autora de Éste Nunca Será un Adiós) para hacer correcciones ortográficas y revisar que no se me haya pasado nada.

Los poemas están escritos en verso libre porque siento que es mucho más contemplativo que escribir en rima y métrica, como comunicólogo he de decir que el medio es parte del mensaje.

DIY or Die

Me gustaría decir que el hecho de que esto sea una auto-publicación lo considero un poco como un acto punk por su naturaleza zine-ish (qué ya he hecho zines antes y en mi repisa tengo libros de Patti Smith). Así también porque ya no quiero esperar a que alguna convocatoria abra y rezar por que se trate de poesía, la burocracia no es lo mío. De todas formas espero poder publicar (otro libro o una segunda edición de éste) con una editorial algún día, o quizá no, no sé.

Made in the USA
Middletown, DE
20 March 2021

35233252R00061